BEI GRIN MACHT SICH IHR WISSEN BEZAHLT

Madlin Oberstedt

Die Auswirkungen wechselnder Bezugspersonen auf das Bindungsverhalten von Heimkindern

Eine kommentierte Literaturliste

GRIN Verlag

Bibliografische Information der Deutschen Nationalbibliothek:

Die Deutsche Bibliothek verzeichnet diese Publikation in der Deutschen National-
bibliografie; detaillierte bibliografische Daten sind im Internet über http://dnb.d-
nb.de/ abrufbar.

Impressum:

Copyright © 2012 GRIN Verlag GmbH
Druck und Bindung: Books on Demand GmbH, Norderstedt Germany
ISBN: 978-3-656-38972-9

Dieses Buch bei GRIN:

http://www.grin.com/de/e-book/210645/die-auswirkungen-wechselnder-bezugsper-
sonen-auf-das-bindungsverhalten-von

GRIN - Your knowledge has value

Der GRIN Verlag publiziert seit 1998 wissenschaftliche Arbeiten von Studenten, Hochschullehrern und anderen Akademikern als eBook und gedrucktes Buch. Die Verlagswebsite www.grin.com ist die ideale Plattform zur Veröffentlichung von Hausarbeiten, Abschlussarbeiten, wissenschaftlichen Aufsätzen, Dissertationen und Fachbüchern.

Besuchen Sie uns im Internet:

http://www.grin.com/

http://www.facebook.com/grincom

http://www.twitter.com/grin_com

Bildung und Erziehung in der frühen Kindheit

Modul 4
Modulprüfung
WS 2012/2013

Wie wirken sich wechselnde Bezugspersonen auf das Bindungsverhalten von langjährig im Heim lebenden Kindern im Grundschulalter mit mindestens einem sorgeberechtigten Elternteil und ohne Migrationshintergrund aus?

Kommentierte Literaturliste

„Wissenschaftliches Arbeiten und Studieren"

Madlin Oberstedt

Begründung der Fragestellung:

Da ich vor Beginn der Ausbildung zur Kindheitspädagogin ein Praktikum in einem Kinderheim absolviert hatte und dort bemerkt hatte, dass alle Kinder verschieden auf mich zukommen, habe ich mir diese Fragestellung ausgesucht. Ich würde gerne die Hintergründe für das unterschiedliche Verhalten verstehen. Es gab Kinder, die sofort auf mich zugekommen sind, ohne irgendeine Art von Distanz, die mich von Anfang an regelrecht beschlagnahmt haben und das vom ersten Moment an als würden sie mich seit Ewigkeiten kennen. Andererseits gab es auch Kinder, die absolut kein Vertrauen aufbauen konnten, die bis zum Ende meines halbjährigen Praktikums keine Beziehung zu mir entwickeln konnten. Zumindest zeigten diese Kinder mir gegenüber keine Anzeichen von Bindung. Jedes Kind hatte also ein anderes Nähe-Distanz-Verständnis. Da mir natürlich bewusst ist, dass jedes dieser Kinder sein eigenes Schicksal hat und eigene Erfahrungen mitbringt, die jedes einzelne Kind prägt, wollte ich trotzdem verstehen, ob es einen Zusammenhang zwischen dem Erlebten, der Situation des Heimaufenthalts und den verschiedenen Verhaltensweisen gibt. Eine Begründung für die verschiedenen Verhaltensmuster hätte mir damals ein größeres Verständnis für die unterschiedlichen Reaktionen der Kinder mir gegenüber gegeben und somit hätte ich besser auf die einzelnen Bedürfnisse der Heimkinder eingehen können.

Meiner Meinung nach ist die Bindungstheorie genau das, was dieses Verhalten erklärt.

Weiterhin ist mir aufgefallen, dass manche der Jugendlichen im Heim sehr schnell Liebesbeziehungen eingehen, andere aber hatten bis zur Volljährigkeit noch keinen Kontakt zum anderen Geschlecht. Auch gab es in den vorhandenen Beziehungen einen Unterschied der Haltbarkeit. Bei vielen war eine Beziehung nach nur wenigen Wochen beendet, andere dauerten Jahre lang an. Daher interessiert mich auch, ob die verschiedenen Bindungserfahrungen im Kindesalter Auswirkung auf das spätere Paarbindungsverhalten haben.

Den Ausschluss von Kindern ohne ein sorgeberechtigtes Elternteil habe ich vorgenommen, um eine Abgrenzung von eventuellen zusätzlichen traumatischen Trauererlebnissen, die durch den Tod der Eltern entstanden sind, zu schaffen. Zudem würde der Einschluss von Kindern mit Migrationshintergrund eine besondere

erweiterte Sichtweise durch die komplexe Thematik im Zusammenhang mit den unterschiedlichen, kulturellen Lebensweisen erfordern.

Quelle: Bowlby, John (2001): Das Glück und die Trauer. Donauwörth: Klett-Cotta (2. erweiterte Auflage).

Beschreibung: In dem vorliegenden Buch geht es unter anderem um die Fehler, die von Eltern gegenüber ihren Säuglingen begangen werden, welche meist durch ungelöste innere Konflikte entstehen, die kindliche Entwicklung, Auswirkungen von Abbruch einer affektiven Bindung auf das Verhalten und um die Trennung bzw. um den Verlust der Familie.

Kommentierung: Kinder ohne sichere Bindung haben im Erwachsenenalter ein starkes unbewusstes Verlangen nach Liebe und Unterstützung. Beispiele für die Auswirkungen sind halbherzige Selbstmordversuche und Entstehung von Hypochondrie. Sie lassen ihren Ärger meist an Schwächeren aus.

Ein mit dem zwanghaften Selbstvertrauen verwandtes Bindungsverhalten ist das der zwanghaften Fürsorge. Dieses Verhalten kann sich auch bei Heimkindern entwickeln. Solch eine Person kann viele Bindungen eingehen aber nur in der Rolle des Fürsorge Gebenden. Die Rolle wird als einzig affektive Bindung angesehen, desweiteren denken sie, dass sie Fürsorge nur durch sich selbst erhalten können.

Gründe für die zwanghafte Fürsorge sind eine starke latente Sehnsucht nach Liebe und Fürsorge. Eine erheblich latente Wut auf die Eltern ist ebenfalls vorhanden, da diese in der Kindheit keine oder nicht genug Fürsorge leisten konnten. Das Aussprechen dieser Wünsche wird von Angst und Schuldgefühlen verhindert.

Die Verhaltensweisen eines Menschen mit einer Angstbindung werden auch in eine Ehe übertragen. Entweder kommt extreme Forderung nach Liebe oder zwanghafte Fürsorge zum Vorschein. Auch gegenüber einem eigenen Kind können diese Verhaltensweisen auftreten. Durch eventuelles Ansehen des Kindes als Schwester oder Bruder kann dem Kind aufgrund der Fürsorge des Partners Eifersucht entgegengebracht werden. Auch ist es oft der Fall, dass der Elternteil mit der Angstbindung das eigene Kind als Selbstabbild sieht und unbedingt verhindern möchte, dass das Kind die gleichen Störungen entwickelt wie die Person selbst. Allerdings kann durch dieses Verhalten auch das Gegenteil entstehen.

Eine weitere gestörte Persönlichkeitsentwicklung, die durch das Bindungsverhalten in früher Kindheit entsteht, ist das emotional losgelöste Individuum. Diese Menschen

sind unfähig, stabile affektive Bindungen aufrechtzuerhalten. Meistens geschieht diese Entwicklung durch eine längere Deprivation und fehlenden Fürsorge der Mutter oder durch eine Ablehnung der Mutter gegenüber ihrem Kind.

Das Fortführen der Verhaltensweisen der Entwicklungsstörungen bis ins Erwachsenenalter lässt sich auf die geschaffenen, inneren Modelle zurückführen. (vgl. S. 169 bis 174)

Quelle: Bretherton, Inge (2006): Konstrukt des inneren Arbeitsmodells. Bindungsbeziehungen und Bindungsrepräsentationen in der frühen Kindheit und im Vorschulalter. In: Brisch / Grossmann / Grossmann / Köhler (Hrsg.): Bindung und seelische Entwicklungswege. Stuttgart: Klett-Cotta (zweite Auflage), Seite 13 – 46.

Beschreibung: Das Buch behandelt bindungstheoretische Überlegungen der aktuellen Bindungsforschung. Es werden unter anderem die Entwicklung der Bindung, die inneren Arbeitsmodelle und die Bindungsstörungen bearbeitet.

Kommentierung: Innere oder mentale Arbeitsmodelle, die helfen das Bindungsverhalten der Bezugsperson zu interpretieren und ihr Verhalten vorauszusehen, ermöglichen die Regulierung des eigenen Bindungsverhaltens. (vgl. S.13)

Quelle: Brisch, Karl Heinz (2007): Adoption aus der Perspektive der Bindungstheorie und Therapie. In: Brisch, Karl Heinz / Hellbrügge, Theodor (Hrsg.): Kinder ohne Bindung. Deprivation, Adoption und Psychotherapie. Stuttgart: Klett-Cotta (zweite Auflage), S. 222 – 258.

Beschreibung: Das vorliegende Buch behandelt unterschiedliche Sichtweisen. Es wird die Grundlagenforschung wie auch die psychotherapeutische Arbeit mit Pflege- und Adoptivkindern veranschaulicht. Weiterhin ist eine Diskussion über die Entstehung der Bindungssicherheit und die Auswirkungen von Bindungsstörungen auf die Entwicklung enthalten.

Kommentierung: Wurden traumatische Bindungserfahrungen erlebt, kann dies zu Bindungsstörungen führen. Häufig besteht ein desorganisiertes Bindungsverhalten. Wegen der oft extremen Verzerrung des Verhaltens durch die Bindungsstörung sind die Bindungsbedürfnisse häufig nicht ersichtlich. Eine mögliche Konsequenz hiervon sind Persönlichkeitsstörungen. Symptome der Störungen können ADHD (Störung der Aufmerksamkeit und Überaktivität) sowie Verhaltensmuster des Autismus sein.

Besteht ein immer wiederkehrender Austausch der Bezugspersonen, findet eine „Enthemmung" statt. Dieses äußert sich in einem Pseudo-Bindungsverhalten bei unbekannten Personen. (vgl. S. 227f)

Da die Verwurzelung von Traumata tief ist, können diese bei Nichtverarbeitung auf die spätere Beziehung zu den leiblichen Kindern der Heimkinder Auswirkungen haben. Durch die eigene Vergangenheit können dissoziative oder traumaspezifische Verhaltensweisen auftreten. (vgl. S. 231)

Quelle: Diouani-Streek, Mériem (2007): Kindeswohl und Elternrecht: Zur Umgangsproblematik von Minderjährigen in Heimerziehung und Eltern. In: Homfeldt, Hans Günther; Schulze-Krüdener, Jürgen (Hrsg.): Elternarbeit in der Heimerziehung. München: Ernst Reinhardt Verlag, S. 44 – 60.

Beschreibung: In diesem Buch geht es um die Wichtigkeit der Elternarbeit während der Heimunterbringung der Kinder.

Kommentierung:

Durch die Fremdunterbringung und die Entstehung des Verlusts des familiären Zusammenlebens geht auch die familiäre Bindung verloren. Das Heim trägt die Verpflichtung, mit der Herkunftsfamilie des Heimkindes Zusammenarbeit zum Wohl des Kindes zu leisten. Doch muss die Auswirkung der Zusammenkunft zwischen Angehörigen und Heimkind Beachtung finden. Die Abstimmung der Treffen steht unter Beachtung der Individualität jedes Kindes. Die Begegnungen mit der Ursprungsfamilie dienen der Erhaltung der Bindung.

Im Heim vorzufinden ist meistens eine pathologische Eltern-Kind-Bindung. Die Bindung ist in der Regel durch Vertrauensbrüche und seelische Schmerzen beeinträchtigt. „Die Wiederaufnahme der herkunftsfamilialen Bindungen kann mit Blick auf die ungesicherte Entwicklung gefährdeter Kinder und Jugendlicher eine psychische Überforderung, bei traumatisierten Kindern eine Retraumatisierungsgefahr darstellen" (vgl. S. 51 bis 54)

Quelle: Fremmer-Bombik, Elisabeth (1999): Innere Arbeitsmodelle von Bindung. In: Spangler, Gottfried / Zimmermann, Peter (Hrsg.): Die Bindungstheorie. Grundlagen, Forschung und Anwendung. Stuttgart: Klett-Cotta (dritte Auflage), S. 109 – 119.

Beschreibung: In diesem Kapitel geht es um die inneren Arbeitsmodelle von Bindung.

Kommentierung: Das innere Arbeitsmodell entsteht über das Bindungsverhalten und die Reaktionen der Bindungspersonen. Die Hauptarbeit ist, dass das Individuum seine Handlungen unter Einsicht vorausplanen kann. Unterschiedliche Erfahrungen müssen zu einem Gesamtbild zusammengefügt werden, um Verständnis für die Funktion von Bindungsfigur und Umwelt zu entwickeln. Geschieht dies erfolgreich, entsteht eine kohärente, anpassungsfähige Abbildung der Wirklichkeit. Kindern mit einer sicheren Bindung gelingt dies einfacher. Mary Main geht davon aus, dass sich innere Arbeitsmodelle jederzeit ändern können und somit keine Introjektionen von Objekten aus der Vergangenheit sind, sondern aktive Konstruktionen. Veränderungen stellen allerdings Schwierigkeiten dar, da Arbeitsmodelle nicht nur bewusst, sondern auch unbewusst wirken.

Innere Arbeitsmodelle sind sowohl affektive wie auch kognitive Komponenten, sind integrative Komponenten von Verhaltenssystemen, spielen bei der Beeinflussung von Verhalten eine Rolle und werden aus generalisierten Erlebnispräsentationen entwickelt. Durch Arbeitsmodelle entsteht die Bildung von inneren Regeln und Regelsystemen. Hierauf basieren das Verhalten und die Einschätzungen von Erfahrungen. Auch Regeln für die Organisation von Aufmerksamkeit und Gedächtnis, die die Erkenntnis über das Selbst und die der Bindungspersonen herstellt, entstehen. Ist die Annäherung zur Bindungsperson nicht beständig und besteht aus Zurückweisung wird ein anderes Arbeitsmodell entwickelt als von einem sicher-gebundenen Kind. Es entsteht Reorganisation, Restriktion und/oder Neuorientierung der Aufmerksamkeit. (vgl. S. 109 – 112)

Quelle: Grossmann, Karin; Grossmann, Klaus E. (2004): Bindungen – das Gefüge psychischer Sicherheit. Stuttgart: Klett-Cotta.

Beschreibung: Dieses Buch behandelt die psychische Sicherheit. Es werden Themen wie die Bindungswünsche, Bindung allgemein, Beziehungen zu Gleichaltrigen (soziale Kompetenzen), die Wichtigkeit von Erfahrung des Individuums für die spätere Paarbeziehung, Entwicklungsaufgaben und die Bedeutung von Verhaltenssystemen erläutert.

Kommentierung: Verhaltenssysteme entspringen bereits der frühen menschlichen Entwicklungsgeschichte und verfügen über einen entscheidenden Überlebenswert. Die Entwicklung dieser Verhaltenssysteme basiert auf den Reaktionen der Bindungsperson. Auf den Menschen bezogen besteht eine evolutionäre K-Strategie

der Fortpflanzung mit begrenzter Geburtenzahl und maximierter elterlicher Investition. Durch dieses auf liebevolle, individuelle Bindungen beruhende genetische Programm steigen die Überlebenschancen jedes Individuums.

Neben grundlegenden Fähigkeiten bildet das mütterliche Fürsorgeverhaltenssystem die Grundlage für die Ausbildung sozio-emotionaler Beziehungen. (vgl. S. 37f)

Bevölkerungskulturell bestehen weltweit soziale Netzwerke durch Verwandte, Nachbarn oder Kinderfrauen, welche ganz oder teilweise die Kinder betreuen. Diese können somit lernen, auch andere Personen als vertrauenswürdig einzuschätzen. Grundlegend für diese „natürlichen" sozialen Netze sind die soziale Verflechtung und eine längere Vertrautheit des Kleinkindes mit der Betreuungsperson. Durch eine solche Sicherheitsbasis können Kleinkinder die Trennung von der Mutter als primäre Bindungsperson verkraften. (vgl. S. 245f)

Unsicher gebundene Kinder können sich meist nicht vorstellen, dass andere für sie Zuneigung entwickeln können. Sie können das Gefühl von emotionaler Bindung nicht verstehen und sind schnell überfordert. Gefühlsmäßige Verstimmtheit interpretieren sie oft als Ablehnung. Daher distanzieren sie sich eher von anderen Personen, sie sind sozial isoliert. (vgl. S. 372)

Quelle: Hengefeld, Melanie (2007): Körperlichkeit in institutioneller Erziehung. In: Internationale Gesellschaft für erzieherische Hilfen (Hrsg.): Forum Erziehungshilfe, 13. Jg., Heft 1, S. 10-15.

Beschreibung: In der vorliegenden Zeitschrift, in dem bearbeiteten Kapitel, geht es darum, Aufmerksamkeit auf die Selbstverständlichkeit des Körperkontakts zu erregen. Heimerziehung muss auch die körperlichen Bedürfnisse nach Nähe befriedigen.

Kommentierung: Ein fremduntergebrachtes Kind steht in der Institution Erwachsenen gegenüber, mit denen es nicht verwandt ist. Folglich sind diese dem Kind zunächst fremd. Mit der Ankunft des Kindes beginnt die Beziehungsentwicklung, die anfangs keine affektive Bindung aufweisen kann. Doch Kind und Erzieher sind darauf angewiesen, eine Bindung einzugehen. (vgl. S. 11)

Die Geschwindigkeit des Wechsels zwischen Einrichtung und Familie hat sich tendenziell zurückentwickelt, somit ist die Möglichkeit entstanden, längerfristige, verbesserte Beziehungen zwischen ErzieherIN und Kind aufbauen zu können. (vgl.

S. 13)

Quelle: Klein, Manuela (2010): Die Bedeutung von Trennung und Scheidung für die Bindung des Kindes. Frankfurt am Main: Internationaler Verlag der Wissenschaften.

Beschreibung: In dem Buch geht es um die Bedeutung des entwicklungspsychologischen Konzeptes der Bindung für die Beurteilung von Problemen, die aus Trennungssituationen entstehen können.

Kommentierung: Das Bindungsverhalten eines Kindes kommt durch die Fürsorge des Sorgenden zustande. Diese Person wird zur Bindungsperson und somit wird das Bindungsverhalten primär an diese gerichtet. Bowlby unterscheidet zwei Verhaltenssysteme. Das zielkorrigierte Verhaltenssystem und das nicht zielkorrigierte Verhaltenssystem. Das nicht zielkorrigierte Verhaltenssystem zeigt sich im Säuglingsalter, das zielkorrigierte Verhaltenssystem erst nach ca. dem ersten Lebensjahr. Dieses dient der Herstellung der Nähe zur Bezugsperson ausgehend von dem Kleinkind.

Bindung im Allgemeinen soll vor Fremden und Fremdem beschützen. Somit ist das Bindungsverhalten für Kleinkinder überlebenswichtig. Bindungsverhalten wird nur unter Belastung gezeigt - beispielsweise bei einer Trennung von Kind und Bezugsperson. Ist diese durch Anwesenheit der Bindungsperson überwunden wird das Bindungsverhalten meistens eingestellt.

Nach einer Studie von Bowlby zeigen Kleinkinder zwischen vier und 12 Monaten die ersten Anzeichen für Bindungsverhalten. Ab dem dritten Lebensjahr zeigt sich eine Verringerung. Bindungsverhalten bleibt dennoch lebenslang bestehen.

Das Bindungsverhalten wird in verschiedene Bindungstypen eingeteilt. Bei der unsicheren Bindung erfährt ein Kind in Situationen der emotionalen Belastung von seiner Bezugsperson desöfteren Zurückweisung, das Bindungsverhalten erfährt Umleitung oder Einstellung. Negative Gefühle werden der Bezugsperson gegenüber nicht gezeigt, die Suche nach Nähe der Bezugsperson hat weiterhin Bestand. Das Kind lebt demnach in einem ständigen Konflikt mit der Suche nach Schutz und dem gelernten im Stich gelassen zu werden. (vgl. S.12-16)

Organisiertes Bindungsverhalten wird in drei Hauptgruppen von Bindungstypen eingeteilt, unsicher-vermeidend, sicher und unsicher-ambivalent.

Unsicher-vermeidende Kinder zeigen kein oder kaum Bindungsverhalten. Je belastender eine Situation für ein Kind ist, umso weniger Negativgefühle zeigt es

8

gegenüber der Bindungsperson, um eine Zurückweisung der Bindungsperson zu vermeiden.

Äußerungen der unsicher-ambivalenten Bindung sind übertriebene Bindungssignale wie das starke Klammern an der Bindungsperson und die fehlende Akzeptanz einer Trennung.

Bei der sicheren Bindung wissen Kinder, dass Verlass auf die Bezugsperson ist. Von dieser empfangen sie Unterstützung und Hilfe.

Kinder, die desorganisierten Bindungsmustern zugeteilt werden, zeigen keine Entwicklung von Bindungsstrategien, sie fallen durch widersprüchliche Verhaltensweisen auf. Das Kind zeigt möglicherweise Aggressionen gegen die Bezugsperson oder hat vor dieser Angst. Gründe hierfür können unter anderem häufig wechselnde Bezugspersonen, Bindungs- und Trennungstraumata, die beispielsweise durch Misshandlung und Vernachlässigung entstehen können, sein. Diese Bindungsmuster werden in zwei Bindungsstile eingeordnet. Desorganisiert-kontrollierende Kinder gehen strafend mit ihren Eltern um oder bemuttern diese. Es ist also ein Rollenumtausch vorhanden. Desorganisiert-ängstliche Kinder haben keine Strategien, um ihre Ängste zu bewältigen. (vgl. S. 22-26)

Unter bindungstheoretischen Gesichtspunkten ist eine dauerhafte Trennung von Bindungsperson und Kind für die Entwicklung der Persönlichkeit von diesem schädlich. Sie findet sich in einer Situation der Sehnsucht nach der Bezugsperson und des Ärgers um das Nichtreagieren der Bindungsperson wieder. Kinder kommen mit diesem Zwiespalt nicht alleine zurecht und brauchen deswegen Hilfe von außen. Typische Reaktionen auf die Trennung sind Wut und Angst.

Bei Kindern mit oft wechselnden Bezugspersonen verstärkt sich das Gefühl der Wut und es kommt zu einer Gefühlsveränderung. Anstatt sich stark verwurzelt zu fühlen, entsteht ein tiefsitzendes Befremden. Bei diesen Kindern ist oft ein Rückzug zu beobachten. Bindungsverhalten und Rückzug geben Schutz.

Die Bindungsperson ist letztendlich der sichere Hafen der Zuflucht für die Kinder, bei Trennung fällt dieser weg. (vgl. S. 75f) Die Entwicklung einer Angstbindung ist die Konsequenz. (vgl. S. 78)

Quelle: Rutter, Michael (2007): Die psychischen Auswirkungen früher Heimerziehung. In: Brisch, Karl Heinz / Hellbrügge, Theodor (Hrsg.): Kinder ohne

Bindung. Deprivation, Adoption und Psychotherapie. Stuttgart: Klett-Cotta (zweite Auflage), S. 91 – 137.

Beschreibung: In dem Kapitel von Michael Rutter geht es um die psychischen Auswirkungen von früher Heimerziehung. Er geht der Frage nach, ob negativ psychische Symptome durch Deprivation im Heim verursacht werden, ob die Auswirkungen der Heimunterbringung vom Alter abhängig sind und berichtet über die sensiblen Phasen. Begleitet wird das Kapitel von der Darlegung zweier Studien.

Kommentierung: Bei Heimkindern kommen Beziehungen, die durch Enge und Vertrauen Auszeichnung erhalten, zu Gleichaltrigen seltener vor, als bei Kindern, die ein liebevolles Zuhause haben. Es findet keine Unterscheidung zwischen Freunden statt, zu denen sie auch nur begrenzte Bindung aufweisen. Allerdings suchen Heimkinder Zuneigung. (vgl. S. 105)

Eine Studie zeigte auf, dass die Mehrzahl der Kinder, die im Grundschulalter an einer Bindungsstörung litten, diese im Verlauf bis zu ihrem elften Lebensjahr verarbeitet haben. (vgl. S. 113) Der Großteil der Kinder in diesem Alter zeigte keine Anzeichen von undifferenziertem Bindungsverhalten und somit ein normales Bindungsverhalten. (vgl. S. 116)

Quelle: Schleifer, Roland (2007): Der heimliche Wunsch nach Nähe. Weinheim und München: Juventa Verlag (dritte Auflage).

Beschreibung: In diesem Buch geht es um Bindungsbeziehungen von Heimkindern und die Bindungsforschung.

Kommentierung: Da Heimkinder die Trennung von ihrer primären Bindungsperson verarbeiten müssen, haben gerade diese Kinder ein lebenslanges Problem mit dem Wunsch nach dauerhaften Beziehungen, Liebe und Sicherheit. (vgl. S. 13)

Kinder, die eine lange Trennung von ihren Müttern erfahren haben, geben sich nach gewisser Zeit mit der Situation ab und zeigen kaum das Gefühl des Vermissens. Doch bei genauerem Hinsehen bemerkt man, dass die Kinder ihre Mütter sehr wohl vermissen. Bowlby stellte drei Etappen des Trennungsprozesses auf: Protest, Verzweiflung, Ablösung. In der Phase des Protests zeigten die Kinder Anzeichen von Trennungsangst. Hilft das Protestieren nicht, die Nähe zur Bindungsperson wieder herzustellen, resignieren Kinder. Es beginnt die Kontaktaufnahme zu anderen Personen, bei Anwesenheit der Mutter lässt sich wenig Reaktion bemerken. Eine Mutter-Kind-Beziehung in einem Kinderheim zwischen Erzieherin und Kind ist

nicht erreichbar. (vgl. S. 22f) Denn in der frühen Kindheit sind Kinder auf eine dauerhafte, enge und warmherzige Beziehung angewiesen, wie sie nur von einer Mutter gegeben werden kann. Durch die Bedingungen des ständigen Betreuungswechsel durch Schichtwechsel und Personalwechsel ist es nicht möglich, diese Aufgaben zu erfüllen. Auch ein wenig anregendes Milieu ist hierfür ein Grund. (vgl. S. 68f)

Quelle: Sidor, Anna (2005): Liebesbeziehungen im frühen Erwachsenenalter. Ein Vergleich von gesunden und chronisch kranken jungen Erwachsenen. Hamburg: Verlag Dr. Kovač.

Beschreibung: In dem vorliegenden Buch geht es um die Bewältigung der Lebensaufgaben in der Lebensperiode der dritten Lebensdekade und um die langfristigen Folgen der Entwicklung. Der Schwerpunkt liegt auf den Domänen der Partnerschafts- und Indentitätsentwicklungen.

Kommentierung: Die Identität erhält Definition durch das Resultat aus Integration der Vergangenheit, Gegenwart und Zukunft. Das Gefühl der Identität ist das Ganze aller Selbstvorstellungen. Die Identitätsentwicklung ist ein Prozess von lebenslanger Dauer, der von Erfahrungen Prägung erhält. (vgl. S. 5)

Unsicher gebundene Kinder reagieren in Trennungssituationen defensiv. Ihr Sozialverhalten ist unangepasster und aggressiver als das von sicher gebundenen Kindern. Sie haben im Alter von zehn Jahren mehr Probleme mit Gleichaltrigen und hierdurch weniger Freunde. Weiterhin ist die Frustrationstoleranz niedriger. Unsicher-ambivalent gebundene Kinder leiden meist unter der Aggression Gleichaltriger, vermeidend gebundene Kinder sind meist die Aggressoren.

Unsicher-ambivalente Kinder im Alter von 16 Jahren haben weniger Verabredungen mit dem anderen Geschlecht. Auch die Beziehungen sind bei unsicher gebundenen Kindern nicht so langanhaltend wie bei Kindern mit einer sicheren Bindung. Kinder mit einem desorganisierten Bindungsverhalten neigen zu Somatisierung. (vgl. S. 77ff)

Bindungssysteme bestehen im Erwachsenenalter weiter, differenzieren sich jedoch zu der frühkindlichen Bindung. Für Paarbeziehungen spielen neben Bindungssystemen quantitativ und qualitativ komplexere Aspekte eine Rolle. Darüber hinaus ist die Grundlage der Suche nach Nähe der Bezugsperson bei Kindern bzw. Säuglingen eine Überlebensstrategie. (vgl. S. 81f)

Die Partnerschaftszufriedenheit begründet sich jedoch in der Bindungserfahrung. Sie steigt bei Paaren, bei denen beide Partner sicher gebunden waren. Tendenziell wählen sicher Gebundene einen ebenfalls sicher-gebundenen Partner und unsicher Gebundene entscheiden sich häufig für einen unsicher-gebundenen Partner. Die Partnerschaften der sicher-gebundenen Partner zeichnen sich durch bessere Konfliktlösungsstrategien und verminderte verbale Aggressionen aus. Bei den vorrangigen Partnerschaftskonstellationen ist zudem beobachtbar, dass vermeidend Gebundene häufig ambivalent-gebundene Partner haben, während Partnerschaften zwischen zwei ambivalent Gebundenen oder zwei vermeidend Gebundenen selten sind. (vgl. S. 95f)

Quelle: Unzner, Lothar (1999): Der Beitrag von Bindungstheorie und Bindungsforschung zur Heimerziehung kleiner Kinder. In: Spangler, Gottfried / Zimmermann, Peter (Hrsg.): Die Bindungstheorie. Grundlagen, Forschung und Anwendung. Stuttgart: Klett-Cotta (dritte Auflage), S. 335 – 350.

Beschreibung: In diesem Buch geht es um die wesentlichen Grundzüge der Bindungstheorie und ihrer historischen Entwicklung, theoretische Basis der Bindungstheorie, wesentliche psychologische Konzepte und Wirkmechanismen der Bindungstheorie und um die Bedeutung unsicherer Bindungsmuster für die Entwicklung emotionaler Dispositionen als Ausdruck von Persönlichkeitsmerkmalen, um den aktuellen Stand der Bindungsforschung, Kontinuität und Konsequenzen von Bindung, praktische Relevanz der Bindungstheorie, Bindungsstörungen.

Kommentierung: Ein Säugling besitzt das Grundbedürfnis, eine emotionale Beziehung mit einem oder mehreren Menschen einzugehen. Schon nach den ersten Wochen entscheidet ein Kind, wer ihm fremd ist und zu welcher Person Vertrauen besteht. Durch die Fürsorge entsteht eine sichere Bindung. Fremduntergebrachte Kinder haben diese oft nicht. Hierdurch werden diese oft distanzlos, ängstlich, scheu, oder aggressiv. Sie suchen neue Bezugspersonen doch fällt es ihnen schwer, sich auf neue Beziehungen einzulassen. Sie begegnen ihnen misstrauisch und brauchen viel Zeit.

Den Eltern gegenüber fällt das Bindungsverhalten teilweise gänzlich weg, da durch die vorangegangenen Erfahrungen eine vollständige Ablösung stattgefunden hat. (vgl. S. 341)

Kinder können wieder Beziehungen eingehen. Allerdings muss hier erst eine Distanz

zu der Ursprungsfamilie hergestellt werden. Kinder brauchen ein Beziehungsangebot und keine Einforderung einer Beziehung. Sie brauchen die Vermittlung korrigierender Erfahrungen. Sie fangen nach einer Eingewöhnungszeit im Heim wieder an, zwischen vertrauten und unvertrauten Personen zu unterscheiden, die Bevorzugung gilt bestimmten Personen. Dieses sind die ersten Anzeichen für eine neue Bindung. Zum Wohl des Kindes, bekommt jedes einen Bezugserzieher, der sich zusätzlich Zeit für dieses nimmt. Er begleitet beispielsweise das Kind zu Arztbesuchen, stützt es in belastenden Situationen, fördert Erkundungs- und Neugierverhalten. Aus dem Bezugserzieher wird die Bezugsperson.

Bei Austritt aus dem Heim steht dem Kind eine erneute Trennung bevor, die durch ein sicheres Bindungsverhältnis zu dem Bezugserzieher erleichtert werden kann. Auch hierfür müssen die hergestellten Bindungen aus dem Heim abgelöst werden, um neue Beziehungen in Adoptiv- oder Pflegefamilien eingehen zu können. (S. 341 – 347)

Fazit

Durch die Auseinandersetzung mit der Bindungstheorie bin ich der Beantwortung meiner Fragestellung sehr nahe gekommen.

Besonders das Buch „Die Bedeutung von Trennung und Scheidung für die Bindung des Kindes" von Manuela Klein hat durch die Darlegung und Beschreibung der verschiedenen Bindungstypen dazu beigetragen, ein Grundverständnis für die Thematik zu erlangen.

Da Kinder, die in einem Kinderheim leben, schlechte Erfahrungen im Bindungsverhalten zu den Eltern gemacht haben, können diese nur schwer neue Bindungen eingehen. Das Buch von Roland Schleifer „Der heimliche Wunsch nach Nähe. Bindungstheorie und Heimerziehung." konkretisiert die Problematik der fehlenden Mutter-Kind-Beziehung. Darüber hinaus erschwert der ständige Wechsel von Betreuungspersonen im Heim den Aufbau einer Bindung. Da ein neuer Bindungsaufbau den meisten Kindern durch das erlernte Misstrauen sehr schwer fällt, benötigt es sehr viel Zeit eine Bindung zu ihnen aufzubauen. Dies erklärt das von mir beobachtete distanzierte Verhalten vieler Heimkinder. Das erwähnte Beispiel in meiner Fragestellung zu der sofortigen Distanzlosigkeit konnte ich mit Hilfe des Beitrages von Karl Heinz Brisch in dem Buch „Kinder ohne Bindung. Deprivation, Adoption und Psychotherapie" und der dort erwähnten Pseudo-Bindung beantworten.

Neu für mich war im Zusammenhang mit dem Bindungsverhalten von Heimkindern die Wirkung der Elternarbeit. Hier kann unter Umständen eine kontraproduktive Wirkung durch Erinnerung an traumatische Erlebnisse hervorgerufen werden. Dies bestärkt die Wichtigkeit stabiler Bindungen zu einer heiminternen Bezugsperson.

Das Übertragen von erlebtem Bindungsverhalten in der Kindheit in das Erwachsenenalter ist eine Begründung dafür, warum Erwachsene mit einer unsicheren oder desorganisierten Bindung nur selten Beziehungen eingehen können oder eingegangene Beziehungen schwierig verlaufen bzw. von kurzer Dauer sind.

Aus der Sicht der Bindungstheorie wäre es sinnvoll den Betreuungsschlüssel so weit zu minimieren wie nur möglich, um den Heimkindern eine reelle Chance auf einen neuen und beständigen Bindungsaufbau zu geben, der durch Vertrauen und Rückhalt ausgezeichnet ist. Hierdurch bekämen diese Kinder desweiteren die Chance, die schlechten Bindungserfahrungen und die meist damit verbunden Bindungsstörungen zu verarbeiten.